ÉTUDE

SUR LA

NATURALISATION

EN ALGÉRIE

PAR

M. E. ROUARD DE CARD

PROFESSEUR A L'ÉCOLE SUPÉRIEURE DE DROIT D'ALGER

PARIS

BERGER-LEVRAULT ET Cie, LIBRAIRES-ÉDITEURS

5, RUE DES BEAUX-ARTS, 5

MÊME MAISON À NANCY

1881

ÉTUDE

SUR LA NATURALISATION EN ALGÉRIE

Extrait de la REVUE GÉNÉRALE D'ADMINISTRATION

Décembre 1880

ÉTUDE

SUR LA

NATURALISATION

EN ALGÉRIE

PAR

M. E. ROUARD DE CARD

PROFESSEUR A L'ÉCOLE SUPÉRIEURE DE DROIT D'ALGER

PARIS

BERGER-LEVRAULT ET Cie, LIBRAIRES-ÉDITEURS

5, RUE DES BEAUX-ARTS, 5

MÊME MAISON A NANCY

1881

ÉTUDE

SUR LA NATURALISATION EN ALGÉRIE

Suivant les lois actuelles, la naturalisation est la concession, à titre gracieux, de la nationalité française. Cet acte de pure bienveillance que l'étranger sollicite, ne peut dépendre du seul caprice du pouvoir exécutif; il doit être régi par des dispositions précises, car il engage des intérêts d'un ordre supérieur. Sous quelles conditions peut-il donc se produire? Quels effets entraîne-t-il? A cette double question qui implique toute la théorie de la naturalisation, le législateur français n'a pas donné la même réponse dans tous les cas; il a établi une grande distinction entre la métropole et certaines colonies.

S'il s'agit de la France continentale, l'ensemble des règles relatives à la naturalisation se trouve dans la combinaison des lois du 3 décembre 1849 et du 29 juin 1867. Voici, en quelques mots, le résumé de cette législation. L'étranger qui veut acquérir la qualité de citoyen français doit réunir les conditions suivantes :

1° Être âgé de 21 ans accomplis ;

2° Avoir obtenu, sur sa demande, l'autorisation d'établir son domicile en France ;

3° Justifier d'une résidence prolongée pendant trois ans[1] et, par exception, pendant un an seulement[2].

Même après l'accomplissement de ces prescriptions légales, l'étranger ne peut pas exiger la naturalisation, qui doit être considérée non

---

1. Ce délai court maintenant à partir du jour où la demande d'autorisation aura été enregistrée au ministère de la justice. Voyez l'article 1er de la loi du 3 décembre 1849, modifié par l'article 1er de la loi du 29 juin 1867.

2. Il s'agit de la naturalisation extraordinaire concédée pour des services éminents rendus au pays. Voyez l'article 2 de la loi du 3 décembre 1849, modifié par l'article 2 de la loi du 29 juin 1867.

comme un droit, mais comme une faveur. Lorsqu'une enquête a été faite par la voie administrative sur la moralité de l'étranger et que le Conseil d'État a donné son avis, le Chef de l'État accorde ou refuse le titre de citoyen français, suivant qu'il le juge convenable. Si la naturalisation est conférée, l'individu devient, à partir de ce moment[1], apte à jouir de tous les droits civils et politiques[2].

Ce système, que nous avons esquissé à grands traits, est applicable aujourd'hui aux colonies françaises, en vertu de la loi du 29 mai 1874. Toutefois, un droit exceptionnel, qui sera l'objet de cette étude, existe encore au profit de nos possessions du nord de l'Afrique.

L'Algérie se trouve, au point de vue de la naturalisation, dans une situation spéciale qui résulte du sénatus-consulte du 14 juillet 1865 et du décret du 21 avril 1866. Toutes les dérogations qu'on rencontre dans ce texte ont un trait commun : elles offrent un encouragement à ceux qui désirent être admis parmi les citoyens français. Ainsi s'expliquent la suppression de formalités trop gênantes et l'adoucissement de conditions trop dures. La théorie, un peu étroite, qui est suivie en France, aurait pu effrayer les esprits timides et paralyser des tendances heureuses. Mais, dira-t-on, ces considérations très-justes existaient avec autant de force lorsqu'il s'agissait de réglementer la naturalisation soit en France, soit dans les autres colonies ; pourquoi, dès lors, le même système législatif n'a-t-il pas été adopté? Pourquoi l'Algérie a-t-elle été traitée avec plus de faveur? La réponse à ces objections vient aisément en l'esprit de tout homme qui réfléchit un instant : elle se trouve au fond de tous les rapports et de tous les exposés qui ont précédé le sénatus-consulte du 14 juillet 1865.

Notre colonie africaine, qui s'étend le long du littoral opposé de la mer Méditerranée, n'est séparée du port de Marseille que par une distance évaluée à 772 kilomètres[3] ; elle doit devenir, dans un temps prochain, « le prolongement de la France », suivant une expression souvent répétée. Or, ce résultat, que la perte de l'Alsace-Lorraine rend,

---

1. Le décret attribue à sa date la nationalité française : l'étranger ne pourrait invoquer une prétendue rétroactivité.

2. L'étranger naturalisé peut aujourd'hui siéger à la Chambre des députés et au Sénat. La grande naturalisation, admise sous la Charte de 1814 et rétablie dans l'article 1er de la loi du 3 décembre 1849, a été supprimée par la loi du 29 juin 1867 (art. 1er). Ainsi a disparu l'intérêt d'une controverse qui a longtemps divisé les auteurs.

3. Alger est à 1,641 kilomètres de Paris.

à cette heure, encore plus souhaitable, sera atteint uniquement le jour où les Français, ayant la plénitude des droits civils et politiques[1], formeront la majorité dans nos provinces algériennes. Le nombre, joint à la supériorité morale, fera alors définitivement prévaloir notre influence. Si, au contraire, les indigènes et les étrangers qui se rattachent à la mère-patrie par un lien trop faible, demeurent les plus nombreux, tout progrès important sera longtemps retardé. C'est pourtant, il faut l'avouer, ce dernier état de choses qui s'est maintenu depuis la conquête, c'est-à-dire, à travers cinquante années. Les statistiques officielles ne laissent aucun doute sur ce point : elles fournissent des chiffres dont la brutale éloquence suffit à dissiper toutes les illusions et à dessiller les yeux aux moins clairvoyants. Dans le dénombrement de l'Algérie qui a été effectué en 1876[2], nous trouvons, pour la population sédentaire[3], en territoire civil et en territoire de commandement, 1,352,831 habitants, qui se divisent de la façon suivante : 962,146 indigènes musulmans, 232,298 Français, y compris les israélites naturalisés collectivement en 1870, 158,987 étrangers. De la comparaison de ces divers chiffres, résulte cette conséquence que la proportion des Français est de 17 p. 100, celle des étrangers de 12 p. 100, celle des indigènes musulmans de 71 p. 100[4].

Le côté faible dans notre œuvre de colonisation apparaît donc avec la plus grande évidence et il doit attirer l'attention de tous ceux qui s'intéressent au succès final de l'entreprise. Mais comment corriger cette infériorité numérique ? Par quels moyens pouvons-nous faire cesser cette cause d'impuissance ? Chercherons-nous à attirer, dans notre colonie africaine, les habitants de la métropole en leur faisant entrevoir des avantages considérables ? Ce procédé est excellent en théorie, mais offre-t-il une grande valeur pratique ? Chacun sait que les Français renoncent difficilement à leur pays natal et qu'ils hésitent à se fixer dans nos possessions même les plus voisines.

---

1. Les indigènes sont Français, comme nous le verrons, au moins depuis le sénatus-consulte du 14 juillet 1865, mais ils ne sont pas régis d'une façon absolue par la loi française.

2. Pour la première fois, la population de l'Algérie a été recensée, en 1876, dans les mêmes conditions que celle de la France.

3. La population nomade du territoire de commandement est de 1,514,795 habitants.

4. Voyez dans la *Revue générale d'administration* (numéro de février 1879) un article de M. Toussaint Loua sur le dernier dénombrement de l'Algérie.

Quelques-uns, plus entreprenants, traversent la mer Méditerranée et fondent des établissements en Algérie, mais ils gardent toujours au fond du cœur l'esprit de retour et, à la première occasion, ils reviennent en France. Il ne faut donc pas trop compter sur ce mouvement d'immigration qui, pendant de longues années encore, sera fort limité. La vérité est ailleurs. Essayons progressivement d'assimiler à nos nationaux ces individus de races variées qui peuplent les départements algériens. Efforçons-nous de les rattacher étroitement à notre cause par l'intérêt en leur permettant d'obtenir, grâce à la naturalisation, l'égalité civile et politique. Peut-être l'application d'une loi commune amènera ce fusionnement que rend si difficile la diversité des religions et des mœurs. La justesse de ces idées avait frappé M. Delangle qui, dans son rapport au Sénat, à propos du sénatus-consulte du 14 juillet 1865[1], disait : « Rien ne serait meilleur assurément que d'envoyer, en « Afrique, des Français pour la peupler, la cultiver, lui rendre sa ré- « putation historique de fécondité ; mais cela n'est pas facile, on le « reconnaît. Quel inconvénient y a-t-il, dès lors, à ce que, de l'Afrique, « à son tour, sortent de nouveaux Français ? » Ces paroles rencontrèrent des approbateurs ; elles déterminèrent l'adoption de certaines mesures qui marquent un grand pas dans la voie nouvelle.

Nous allons étudier ces dispositions, édictées pendant les quinze dernières années, en examinant successivement les deux groupes d'individus qui peuvent bénéficier de la naturalisation : les indigènes et les étrangers colonisateurs.

CHAPITRE I.

Indigènes de l'Algérie.

On devait, en premier lieu, s'occuper des musulmans et des israélites originaires du territoire soumis à notre domination. Il s'agissait de déterminer l'état de ces indigènes qui formaient l'élément le plus important de la population algérienne. Quelle avait été l'influence de la conquête sur leur condition juridique ? Étaient-ils devenus Français ? Sur ce point, l'hésitation fut longtemps permise. D'abord, aux

---

1. Sirey, *Recueil des lois et arrêts*, 1865, III, p. 86 et suivantes.

termes de la capitulation d'Alger, signée le 5 juillet 1830[1], ils n'éprou-
vaient aucun changement dans leur situation antérieure. De plus, suivant le texte de diverses ordonnances, ils continuaient à être régis par
la loi musulmane et la loi mosaïque. Enfin, ils ne pouvaient avoir
acquis la qualité de Français, d'après les règles les plus certaines du
droit international, puisque la réunion du pays vaincu à la France
n'avait pas été officiellement constatée[2]. Ce dernier motif de doute fut
supprimé par l'article 109 de la Constitution du 4 novembre 1848, qui
déclara territoire français le territoire de l'Algérie[3]. A partir de ce moment, les indigènes devenaient Français ; l'application des principes
juridiques commandait cette solution.

Au reste, la controverse qui avait divisé les jurisconsultes perdit
tout intérêt du jour où fut adopté le sénatus-consulte du 14 juillet
1865. Cet acte, qui émanait du pouvoir régulateur conféré au Sénat[4],
reconnaissait la qualité de Français aux musulmans et aux israélites
de l'Algérie « sans serment à prêter, sans soumission aucune[5] ». « La
« nationalité accordée au peuple arabe, disait l'exposé des motifs, est
« la consécration des liens formés sur les champs de bataille. (Procla-
« mation du 5 mai 1865.) Désormais, l'indigène arabe déclaré Français
« est, en quelque pays qu'il se trouve, sous la protection de la France ;
« sa nationalité établie lui assure, chez les gouvernements étrangers,
« le respect de sa personne et de ses droits[6]. » Ce langage, un peu
pompeux, ne doit pas nous faire perdre de vue la portée exacte de cette

---

1. Cette convention porte : « L'exercice de la religion mahométane reste libre.
La liberté des habitants de toutes classes, leur religion, leurs propriétés, leur
commerce et leur industrie ne reçoivent aucune atteinte. »

2. La jurisprudence et quelques auteurs voyaient une réunion virtuelle de
l'Algérie à la France dans les décisions de l'ordonnance du 10 août 1834, concernant
l'organisation judiciaire et l'administration de la justice dans les possessions françaises du nord de l'Afrique. Consultez un arrêt de la Cour de Paris du 7 février
1839 (Sir. 39, II, 334). Voyez aussi Aubry et Rau, *Cours de droit civil français*,
t. I, p. 259.

3. Constitution de 1848, art. 109 : « Le territoire de l'Algérie et des colonies
est déclaré territoire français et sera régi par des lois particulières jusqu'à ce
qu'une loi spéciale les place sous le régime de la présente Constitution. »

4. Constitution du 14 janvier 1852, art. 27 : « Le Sénat règle par un sénatus-
consulte : la constitution des colonies et de l'Algérie. »

5. Art. 1, 2 du sénatus-consulte du 14 juillet 1865. — Voyez le rapport de
M. Delangle déjà cité.

6. Exposé des motifs du sénatus-consulte du 14 juillet 1865, par M. Flandin,
conseiller d'État, rapporteur. (*Dictionnaire de législation algérienne*, de M. DE
MÉNERVILLE, t. II, 1860-66.)

déclaration, qui doit être circonscrite par les deux décisions suivantes, contenues dans le même sénatus-consulte :

A. —Les indigènes, même au point de vue des droits civils, ne sont pas entièrement soumis aux lois françaises ; ils gardent, notamment, leurs coutumes et lois nationales pour tout ce qui concerne le statut personnel [1]. Ainsi les questions qui se rattachent au mariage, à la filiation, à la constitution de la famille sont tranchées d'après la loi de Moïse ou la loi musulmane. Les auteurs du sénatus-consulte ont voulu éviter tout froissement : il aurait été impolitique de heurter des préjugés fortement enracinés et de blesser des convictions religieuses très-ardentes. La prudence, dans une matière si délicate, commandait de grands ménagements.

B. — Les indigènes, au point de vue des droits politiques, ne peuvent se prévaloir de la législation française, car, s'ils sont Français, ils ne sont pas du moins citoyens français [2]. Ainsi en principe, ils ne participent pas à l'exercice de la puissance publique ; de là il résulte qu'ils ne peuvent être ni électeurs, ni éligibles dans les élections politiques pour le Sénat et la Chambre des députés [3]. Toutefois, cette proposition reçoit une double dérogation fort importante.

1° D'abord les indigènes musulmans et israélites peuvent être admis à servir dans les armées de terre et de mer [4]. Les conditions d'admission, de service et d'avancement sont déterminées nettement par le décret du 21 avril 1866. La durée de l'engagement est fixée à quatre ans. Dans le dernier trimestre de la quatrième année de service, l'indigène peut être autorisé par le conseil d'administration du corps à

---

1. Voyez le sénatus-consulte du 14 juillet 1865, art. 1er : « L'indigène musulman est Français ; néanmoins il continuera à être régi par la loi musulmane. » Art. 2 : « L'indigène israélite est Français ; néanmoins il continue à être régi par son statut personnel. » La loi du 26 juillet 1873, relative à l'établissement et à la conservation de la propriété en Algérie, porte dans son article 7 : « Il n'est point dérogé par la présente loi au statut personnel, ni aux règles des successions des indigènes entre eux. »

2. Argument *à contrario* de l'article 1er, alinéa 3, du sénatus-consulte : « Il peut, sur sa demande, être admis à jouir des droits de citoyens français. » Joignez l'article 2, § 3, *id.*

3. La loi organique du 2 août 1875, sur les élections des sénateurs, fait l'application de ces idées à propos de la composition du collége électoral, art. 11 : « Dans chacun des trois départements de l'Algérie, le collége électoral se compose : 1° des députés ; 2° des membres citoyens français du conseil général ; 3° des délégués élus par les membres citoyens français de chaque conseil municipal, parmi les électeurs citoyens français de la commune. »

4. Art. 1er, § 2, et art. 2, § 2, du sénatus-consulte.

contracter un rengagement, soit pour un corps indigène, soit pour un corps français ; il a droit, en pareil cas, à une prime spéciale fixée par arrêté du ministre de la guerre. L'avancement a lieu exclusivement au choix[1]. Quel a été le but de ces dispositions favorables ? M. Delangle dans son rapport au Sénat nous l'indique : « Devenu Français l'indigène « musulman est admissible au service des armées de terre et de mer. « Il suffit qu'il en manifeste le désir pour que les rangs lui soient ou- « verts. Le Gouvernement a pensé, et il a eu raison, que, de tous les « moyens propres à hâter la fusion des races, le plus efficace sans con- « tredit était la faculté offerte à une population essentiellement guerrière « de se mêler aux rangs d'une armée dont ses propres défaites lui ont « révélé la vaillance[2]. »

2° En outre, les indigènes obtiennent une autre concession précieuse : ils deviennent aptes à remplir des fonctions et emplois civils en Algérie[3]. Le décret du 21 avril 1866 donne le tableau des services publics dont l'accès leur est ouvert : Justice, administration proprement dite à tous les degrés, instruction publique, finances, travaux publics, eaux et forêts, postes et télégraphes[4]. Ainsi un israélite ou un musulman peut être notaire, greffier, membre d'un conseil général[5], conseiller municipal[6], professeur de lycée, commis de l'enregistrement et des domaines, officier du service des douanes jusqu'au grade de capitaine inclusivement, etc. Les indigènes titulaires de fonctions et emplois civils ont droit à la pension de retraite suivant le système qui est applicable aux fonctionnaires civils en France ; mais, par une sage res-

---

1. Voyez titre I, art. 3, 5, 6, 7, du décret du 21 avril 1866, portant règlement d'administration publique pour l'exécution du sénatus-consulte.

2. Rapport de M. Delangle déjà cité.

3. Art. 1er, § 2 ; art. 2, § 2, du sénatus-consulte du 14 juillet 1865. — Joignez l'article 10, § 1er, du décret du 21 avril 1866, modifié par le décret du 24 octobre 1870, art. 2 : « L'indigène musulman, s'il réunit les conditions d'âge et d'aptitude déterminées par les règlements français spéciaux à chaque service, peut être appelé en Algérie aux fonctions et emplois de l'ordre civil désignés au tableau annexé au présent décret. »

4. Tableau annexé au décret du 21 avril 1866.

5. La loi du 23 septembre 1875 porte dans l'article 1er : « Il y a dans chaque département de l'Algérie un conseil général composé de membres français et d'assesseurs musulmans. » L'article 5 ajoute : « Les assesseurs musulmans sont choisis parmi les notables indigènes domiciliés dans le département et y possédant des propriétés. Ils sont nommés par le gouverneur général et siégent au même titre que les membres élus. »

6. Le décret du 27 décembre 1866 dit que les indigènes âgés de 25 ans, ayant trois ans de domicile dans la commune, inscrits sur la liste communale, seront éligibles au conseil municipal (art. 12).

triction, leurs veuves ne sont admises à la pension que si le mariage a été accompli sous la loi civile française [1].

Par ce résumé, nous voyons que le sénatus-consulte a été inspiré par des tendances généreuses à l'égard du peuple vaincu : on a, avec raison, souvent sacrifié les principes rigoureux à des considérations plus humaines et plus élevées. Les indigènes sont en définitive traités avec faveur, car désormais, sans avoir besoin de faire des démarches auprès de l'autorité administrative, ils obtiennent un sort très-convenable. Au reste, s'ils trouvent trop faibles les avantages qui leur sont reconnus, ils ont un moyen facile d'améliorer leur condition : ils peuvent être admis, sur leur demande, à jouir de tous les droits de citoyen français. Grâce à cette ressource que leur offre le sénatus-consulte, ceux qui voudront être régis par le Code civil et appelés à toutes les fonctions publiques, pourront voir leurs désirs satisfaits. Nous allons examiner d'abord comment les indigènes musulmans peuvent obtenir la naturalisation. Nous nous livrerons ensuite aux mêmes recherches à propos des indigènes israélites.

I.

DES INDIGÈNES MUSULMANS.

Par quelles dispositions est régie la naturalisation des indigènes musulmans qui, d'après le recensement de 1876, sont au nombre de 2,476,951 ?

Pour répondre complétement à cette question, nous devons donner des développements assez étendus qui, dans l'intérêt d'une bonne exposition, peuvent être groupés sous les trois idées suivantes : conditions, procédure, effets.

1° *Conditions.* — Les prescriptions contenues dans les textes sont peu nombreuses et très-simples : le demandeur en naturalisation doit seulement avoir atteint l'âge de vingt-un ans accomplis [2]. Aucune autre condition n'est édictée : l'admission à domicile et le stage de trois ans que la loi du 29 juin 1867, applicable à la métropole, déclare

---

1. Tit. III, art. 10, §§ 3 et 4, du décret du 21 avril 1866.

2. L'article 1er du décret du 24 octobre 1870, sur la naturalisation des indigènes musulmans et des étrangers résidant en Algérie, porte : « La qualité de citoyen français réclamée en conformité des articles 1 et 3 du sénatus-consulte du 14 juillet 1865, ne peut être obtenue qu'à l'âge de vingt-un ans accomplis. »

L'article 5 de ce décret abroge l'article 4 du sénatus-consulte du 14 juillet 1865.

nécessaires, ne sont pas imposés aux indigènes musulmans par le sénatus-consulte. Cette grande latitude que laisse la législation, s'explique par des motifs puissants. L'indigène musulman, originaire de l'Algérie, n'a pas besoin de prouver son attachement à un pays dans lequel se trouvent tous ses intérêts et toutes ses affections. Quelle serait l'utilité de restrictions qui ne manqueraient pas de tout entraver sans protéger d'une façon plus efficace les intérêts de la métropole !

Pour justifier de la condition d'âge, il est loisible de produire soit un acte de naissance, soit, à défaut, un acte de notoriété [1]. Cet acte de notoriété est dressé, sur l'attestation de quatre témoins, par le juge de paix ou le cadi [2] du lieu de la résidence [3]. Il doit contenir certaines énonciations [4] destinées à éclairer l'administration supérieure, notamment l'indication directe de l'année dans le courant de laquelle est né le postulant [5]. Il est délivré en brevet et dispensé d'homologation. Dans le cas d'indigence préalablement justifiée, le droit à percevoir par les greffiers de justice de paix et par les cadis est fixé à 1 fr. ; de plus, le visa pour timbre et l'enregistrement ont lieu gratuitement [6].

2° *Procédure*. — Les formes dans lesquelles doivent être instruites les demandes en naturalisation sont déterminées par le décret réglementaire du 21 avril 1866 [7]. L'indigène musulman qui veut être admis à jouir des droits de citoyen français doit se présenter en personne devant le maire ou le chef de bureau arabe de la circonscription dans

---

1. Art. 1er, alinéa 2, du décret du 24 octobre 1870, sur la naturalisation des indigènes musulmans et des étrangers résidant en Algérie. Voyez aussi l'article 5 de ce décret qui abroge l'article 19 du titre VI du décret du 21 avril 1866.

2. Chaque tribunal musulman se compose d'un cadi, assisté d'adels (justes).

3. D'après cette disposition, les indigènes musulmans ont la liberté de s'adresser à l'autorité de leur choix. Cette proposition était exacte même sous l'empire du décret du 21 avril 1866. Consultez à ce sujet une circulaire du préfet d'Alger aux maires, en date du mois d'avril 1868.

4. Dans le cas où le postulant est obligé de suppléer à son acte de naissance par un acte de notoriété, il convient qu'il fasse établir en même temps, par les mêmes témoins et par le même acte, sa situation au point de vue du mariage et de la famille. (Circ. du préfet d'Alger, 8 janvier 1870.)

5. Si l'acte de notoriété ne mentionnait que l'âge du demandeur, cette indication serait insuffisante. On a souvent constaté des inexactitudes de cette sorte dans les actes dressés par les cadis. Voyez la circulaire du préfet d'Alger aux maires en date du mois de novembre 1868.

6. Voyez art. 1er et 3 du décret du 5 février 1868, concernant les actes de notoriété à produire par les indigènes musulmans ou israélites, et tous les étrangers qui sollicitent leur naturalisation en Algérie. Au point de vue pratique, il est utile de consulter les autres dispositions de ce décret.

7. Ce décret a été modifié par le décret du 24 octobre 1870 sur la naturalisation des indigènes musulmans et des étrangers.

laquelle il réside ; il forme sa demande et déclare qu'il entend être régi par les lois civiles et politiques de la France. Un procès-verbal est dressé de la demande et de la déclaration [1]. Le maire ou le chef de bureau arabe procède d'office à une enquête sur les antécédents et la moralité du demandeur [2] ; ils doivent principalement prendre des renseignements précis sur sa situation au point de vue du mariage et de la famille [3]. Le procès-verbal contenant la demande et les résultats de l'enquête sont transmis, suivant les cas [4], soit au préfet, soit au général commandant la division, qui envoient toutes les pièces, avec leur avis, au gouvernement général de l'Algérie [5]. Suivant les textes primitifs, le gouverneur général faisait parvenir le dossier, avec son avis, au ministre de la justice, qui soumettait la demande à l'examen du Conseil d'État. Puis, sur le rapport du garde des sceaux et, le Conseil d'État entendu, l'empereur statuait par décret [6].

Cette procédure a été modifiée par le décret du 24 octobre 1870, qui porte dans l'article 3 : « Le gouverneur général civil prononce sur les « demandes en naturalisation ainsi formées, sur l'avis du comité con- « sultatif [7]. » Ainsi le gouverneur général accorde ou refuse la naturalisation : il est investi, par une sorte de délégation, d'une prérogative reconnue antérieurement au Chef de l'État [8]. Le gouvernement de la

---

1. Art. 11 du décret du 24 octobre 1870, qui abroge le texte correspondant du décret du 21 avril 1866.

2. Art. 12 du décret du 21 avril 1866.

3. Circulaire du préfet d'Alger aux maires en date du 8 janvier 1870.

4. Chacun des trois départements de l'Algérie est divisé en territoire civil et en territoire militaire. Dans le territoire civil, le préfet a la plénitude du pouvoir administratif ; il est le représentant du pouvoir exécutif. Dans le territoire militaire, le général commandant la division exerce toutes les attributions dévolues à l'autorité préfectorale. Consultez les articles 1, 2, 5 du décret du 31 mai 1870. Voyez aussi les articles 3, 27, 57, 76 du décret du 23 septembre 1875, relatif à l'organisation des conseils généraux en Algérie.

5. Art. 12 du décret du 21 avril 1866, combiné avec les textes cités à la note précédente. L'article 14 de ce même décret prévoit le cas où l'indigène est sous les drapeaux. Dans cette hypothèse, le procès-verbal contenant la demande et la déclaration, est dressé par le chef de corps ou l'officier supérieur commandant le détachement ; il est transmis ensuite, par la voie hiérarchique, avec : 1º l'état de service du demandeur ; 2º un certificat relatif à sa moralité et à sa conduite.

6. Voyez le sénatus-consulte du 14 juillet 1865, art. 4, et le décret du 21 avril 1866, tit. IV, art. 13.

7. Décret du 24 octobre 1870 sur la naturalisation des indigènes musulmans et des étrangers résidant en Algérie, art. 3 et art. 5.

8. L'article 3 du décret du 24 octobre 1870 ne saurait être considéré comme autorisant simplement le gouverneur général à donner son avis dans la procédure préparatoire. Les mots « prononcer sur » impliquent l'idée d'une décision définitive.

Défense nationale avait voulu, grâce à cette innovation, supprimer une cause de difficultés et de lenteurs.

Cette disposition n'a été abrogée formellement par aucun texte postérieur ; elle devrait donc être considérée comme ayant gardé toute sa force. Telle est la solution que paraissent admettre certains commentateurs. M. Cogordan, dans son livre sur la *Nationalité*, s'exprime de la façon suivante : « D'après le décret de 1866, celui-ci (le gouverneur « général) devait transmettre la demande au garde des sceaux à Paris. « L'Empereur statuait, le Conseil d'État entendu. Le décret du 24 octo- « bre 1870 habilite le gouverneur à prononcer lui-même sur la demande « en naturalisation, après avoir pris l'avis du comité consultatif [1]. »

Toutefois, cette manière de voir n'est pas admise en pratique. L'administration suit les règles qui étaient en vigueur avant 1870. Dans un document publié par le gouvernement civil de l'Algérie en 1879, nous lisons : « La qualité de citoyen français ne peut être obtenue « qu'à l'âge de vingt et un an accomplis : elle est conférée par décret « rendu en Conseil d'État [2]. » En outre, nous ne voyons, à aucune époque, le gouverneur général conférer par arrêtés la naturalisation. Nous trouvons, au contraire, dans le *Bulletin officiel* du gouvernement général de l'Algérie, même à la date du 16 août 1872, un décret présidentiel, contresigné par le ministre de la justice, qui admet des indigènes musulmans et des étrangers à jouir des droits de citoyen français conformément aux dispositions du sénatus-consulte du 14 juillet 1865 [3]. Dans toutes les années suivantes, les mêmes formes ont été observées. Aussi un auteur, tenant compte uniquement des faits, a pu dire : « On « se retrouve aujourd'hui régi par le sénatus-consulte [4]. » Mais il ne suffit pas de constater cet abandon de la disposition contenue dans le décret du 24 octobre 1870, il faut chercher à l'expliquer.

Dans une opinion, on a dit que le décret du 24 octobre 1870, motivé

---

1. Cogordan, *la Nationalité*, p. 124. Voyez aussi *Dictionnaire de la législation algérienne*, p. 227.

2. *État actuel de l'Algérie*, publié par ordre de M. Albert Grévy, 1879, p. 9.

3. *Bulletin officiel du gouvernement général de l'Algérie*, année 1872. Dans l'année qui a suivi le décret, c'est-à-dire en 1871, ce recueil ne constate aucune naturalisation. L'incertitude qui planait alors sur la législation empêchait de donner suite aux demandes de naturalisation. Au 1er juin 1872, on comptait 693 affaires pendantes. (De Ménerville, *Dictionnaire de la législation algérienne*, t. III, 1866-1872, p. 227.)

4. Pigeon, *De l'Acquisition de la qualité de Français*, thèse de doctorat. Paris, 1877, p. 422.

par des événements d'une gravité particulière, avait un caractère transitoire et que dès lors il devait disparaître avec l'établissement d'un ordre de choses plus régulier [1]. Ce raisonnement nous paraît contraire aux principes généraux du droit. D'après une proposition généralement admise, une loi, tant qu'elle n'est pas abrogée expressément ou tacitement, conserve sa force obligatoire, alors même que les circonstances au milieu et en vue desquelles elle a été faite ont cessé d'exister [2]. Le décret du 24 octobre 1870, émanant d'un gouvernement de fait, investi des pleins pouvoirs de la souveraineté, ne pouvait cesser de produire ses effets par le seul motif que nous avons reproduit.

Il faut chercher un autre système moins arbitraire. Voici la doctrine qui nous semble préférable.

L'article 3 du décret du 24 octobre 1870, en décidant que le gouverneur général aurait le droit de prononcer à l'avenir sur les demandes en naturalisation, exigeait, comme condition, l'avis préalable du comité consultatif. Or ce comité, dont un décret du 24 octobre 1870 [3], relatif à l'organisation politique de l'Algérie, réglait la composition et les attributions, n'a pas fonctionné : il a été supprimé par un autre décret du 1er janvier 1871 [4]. Dès lors le gouverneur général se trouvait réduit à prendre des décisions irrégulières, puisque les formes prescrites ne pouvaient plus être fidèlement observées [5]. Le décret du 24 octobre 1870 a donc été abrogé d'une façon virtuelle. Il faut du reste applaudir à ce résultat, car l'innovation tentée par le gouvernement de la Défense nationale n'était pas heureuse. La naturalisation permet à l'indigène musulman d'exercer, même dans la métropole, tous les droits civils et politiques ; elle doit pour cette seule considération être l'objet d'un décret présidentiel.

---

1. Des avis du ministre de l'intérieur et du garde des sceaux autorisent cette conclusion.

2. Voyez *Cours de droit civil français*, par MM. AUBRY et RAU, 4e édit., t. I, p. 56.

3. Le décret du 24 octobre 1870, relatif à l'organisation politique de l'Algérie, porte dans son article 13 : « Le comité consultatif du Gouvernement est appelé à donner son avis sur les affaires qui lui seront attribuées par un règlement d'administration publique, arrêté dans les trois mois de la publication du présent décret. Provisoirement, il donne son avis sur les affaires d'administration qui ne sont pas dans les attributions des préfets. »

4. Décret du 1er janvier 1871, portant abrogation des décrets organiques. Dispositions nouvelles, art. 13 : « Sont également abrogés les articles 13 et 14 du décret du 24 octobre 1870 portant réorganisation provisoire de l'Algérie, ainsi que l'article 7 du second décret du même jour portant fixation de l'indemnité attribuée aux membres du comité consultatif. »

5. DE MÉNERVILLE, *Dictionnaire de la législation algérienne*, t. III, 1866-1872, p. 227.

Disons, en terminant, que l'article 20 du décret du 21 avril 1866 réduit à 1 franc le droit de sceau et d'enregistrement [1].

3° Effets. — La naturalisation produit ici ses effets ordinaires : elle confère la jouissance des droits civils et politiques à ceux qui l'obtiennent [2]. Mais les indigènes musulmans, en acceptant dans son ensemble la législation française, consentent tacitement à abandonner les dispositions de leurs coutumes nationales qui lui seraient contraires. Leur admission parmi les citoyens français entraîne nécessairement certains sacrifices. Ainsi du jour où ils sont naturalisés Français, ils ne peuvent plus, par exemple, épouser plusieurs femmes ou s'affranchir par leur seule volonté des liens du mariage. La loi française, en effet, n'admet pas la répudiation et elle punit sévèrement la bigamie [3].

Ces idées sont mises en lumière avec beaucoup de netteté par M. Delangle [4]. « Mais s'ils (les indigènes) jugent à propos de s'élever « jusqu'à la qualité de citoyens, la situation change. Appelés à participer « à toutes les prérogatives qui s'attachent à ce titre, à exercer à l'occa- « sion une certaine part de la souveraineté, ils ne peuvent être dans « d'autres conditions que les citoyens français avec lesquels ils se con- « fondent. Ce sont désormais et les mêmes droits et les mêmes devoirs. « La loi française devient le guide et la règle de tous ceux qui, par nais- « sance ou par choix, y sont assujettis. Si donc du statut qu'ils ont « abandonné naissaient des droits ou des usages incompatibles avec la « pudeur publique, avec le bon ordre des familles, ces droits sont anéan- « tis. L'acceptation de la qualité de citoyen français en constitue l'ab- « dication la plus formelle. Il ne peut sur le sol de la patrie exister des « citoyens ayant des droits contradictoires. » Au reste, sous ces restrictions, les indigènes, devenus citoyens français, ont la faculté de rester fidèles au culte musulman qu'ils continuent à exercer en toute liberté.

Quels résultats, au point de vue pratique, devait-on attendre de l'application de ce système? Les indigènes musulmans allaient-ils

---

1. L'article 4 du décret du 24 octobre 1870 sur la naturalisation des indigènes musulmans et des étrangers résidant en Algérie, exige un bulletin de chaque naturalisation qui doit être dressé en la forme des casiers judiciaires et déposé à la préfecture du département où réside l'indigène naturalisé.

2. D'après un arrêt du Conseil d'État en date du 26 décembre 1879, un indigène musulman, admis à jouir des droits de citoyen français, est fondé à demander décharge des impôts arabes (*achour* et *zekkat*). Cette décision nous paraît très-juste.

3. Art. 340, Code pénal.

4. Rapport de M. Delangle au Sénat, déjà cité.

demander la naturalisation avec empressement pour manifester leur reconnaissance envers la métropole ? Les auteurs du sénatus-consulte n'avaient pas tous, sur ce point essentiel, le même sentiment. Beaucoup d'entre eux, cédant à cet enthousiasme factice que le gouvernement impérial savait provoquer chez ses trop complaisants admirateurs, s'abandonnaient à des illusions étranges, explicables seulement par leur ignorance totale de l'Algérie. M. le conseiller d'État, rapporteur, dans l'exposé des motifs, laissait apparaître cet optimisme : « Ce serait « d'ailleurs, disait-il, une erreur de croire que la loi de Mahomet règne « d'une manière également absolue sur la population musulmane ; les « Kabyles [1], qui descendent des familles chrétiennes réfugiées, diffèrent « des autres Arabes sous le triple rapport des mœurs, des lois et du culte « même. Ce million d'hommes qui ne pratique pas la polygamie, dont « les familles sont constituées à l'instar des nôtres, qui s'est montré « sensible aux avantages de la civilisation, voudra profiter du nouveau « bienfait que lui apportera le sénatus-consulte [2]. » Ce langage officiel rencontrait des incrédules. Quelques hommes plus avisés manifestaient des appréhensions : ils redoutaient avec raison cette force d'inertie que les indigènes, aveuglés par le fanatisme, opposent à toutes nos entreprises. M. Delangle ne chercha pas à déguiser la vérité ; il indiqua avec franchise les obstacles qu'il prévoyait : « Il ne faut pas, disait-il, se « faire des illusions ; elles ne servent à rien. Il est probable, car telle « est l'impression de tous les hommes qui ont vu de près la population « arabe, que la génération actuelle ne montrera pas un empressement « égal à l'honneur qu'on lui veut faire de l'affilier à notre nation. « C'est qu'en effet il est des liens difficiles à rompre. On ne se dégage « pas sans effort des préjugés qu'on a apportés en naissant, que l'âge « et l'éducation ont fortifiés, que le point d'honneur ravive sans cesse, « et que la défaite a rendus pour les âmes fières plus chers et plus sa- « crés. C'est du temps, de l'exemple, des conseils de l'intérêt personnel « qu'il faut attendre le développement du principe que pose la loi [3]. »

L'avenir devait justifier ces prévisions. Les indigènes musulmans firent preuve, en cette occasion, d'une indifférence remarquable : ils accueillirent l'innovation législative avec une grande réserve, pour ne

---

1. Les Kabyles habitent surtout dans la Kabylie, dans l'Aurès et dans le massif des Babors ; ils sont musulmans. Leur nombre est évalué à 1,400,000 environ.

2. Exposé des motifs par M. le conseiller d'État rapporteur, déjà cité.

3. Rapport de M. Delangle, déjà cité.

pas dire, avec dédain. Incapables de s'affranchir de croyances qui développent en eux un esprit d'immobilisme, ils dédaignèrent le titre de citoyen français. Combien peu osèrent braver le mépris et la haine de leurs coreligionnaires! Pendant la période de 1865 à 1878, c'est-à-dire dans l'intervalle de treize années, 428 indigènes musulmans ont seuls obtenu la naturalisation[1]. Ce nombre insignifiant nous montre bien que la confiance de certains hommes d'État dans l'avenir ne reposait sur aucun fondement sérieux.

II.

DES INDIGÈNES ISRAÉLITES.

Les indigènes israélites pouvaient, aux termes du sénatus-consulte du 14 juillet 1865, obtenir le bénéfice de la naturalisation en se conformant aux règles que nous avons étudiées à propos des indigènes musulmans[2]. Par leur esprit entreprenant et cosmopolite, ils devaient être disposés à rechercher le titre de citoyen français. C'était là une opinion très-accréditée dans la métropole. M. Delangle lui-même, qui avait su échapper aux exagérations du moment, concevait aussi quelques espérances : « En supposant, disait-il, que ce ne soit là qu'une illusion « quant aux Arabes, on peut affirmer d'avance que les plus riches et « les plus considérés parmi les israélites se montreront impatients de « pénétrer dans la voie qui leur est ouverte[3]. »

Sur ce point encore, l'administration française devait éprouver de grandes déceptions. Après un essai de cinq années, les naturalisations atteignaient un chiffre fort peu élevé[4]. Le sentiment religieux et surtout l'intérêt personnel avaient arrêté le mouvement sur lequel on avait compté dans les assemblées politiques. Les indigènes israélites se contentaient des modifications avantageuses que le sénatus-consulte du 14 juillet 1865 avait apportées à leur condition : ils n'étaient pas prêts

---

1. *État actuel de l'Algérie*, publié d'après les documents officiels par ordre de M. Albert Grévy, 1879, p. 10.

2. Voyez le sénatus-consulte du 14 juillet 1865, article 2 : « Il peut sur sa demande être appelé à jouir des droits de citoyen français : dans ce cas il est régi par la loi française. » Joignez titre II du décret du 21 avril 1866.

3. Delangle, rapport au Sénat, déjà cité.

4. La statistique officielle de 1865 à 1870 enregistre 200 israélites naturalisés. *État actuel de l'Algérie*, publié par ordre de M. Albert Grévy, p. 10.

à échanger leurs statuts contre la législation française, qui contenait des prescriptions gênantes et imposait des charges onéreuses. Ils voyaient surtout, derrière le titre de citoyen français, la suppression du divorce et le service militaire.

Telle était la tendance générale, lorsqu'arriva la chute de l'Empire. Le nouveau gouvernement, trompé par de fausses apparences et écoutant trop une voix éloquente, prit une brusque décision qui causa un certain étonnement. Le décret du 24 octobre 1870 contenait, en effet, la disposition suivante : « Les israélites indigènes des départements de « l'Algérie sont déclarés citoyens français : en conséquence leur statut « réel et leur statut personnel seront, à compter de la promulgation du « présent décret, réglés par la loi française, tous droits acquis jusqu'à ce « jour restant inviolables. Toute disposition législative, tout sénatus-con- « sulte, décret, règlement ou ordonnance contraires sont abolis [1]. » Grâce à cette déclaration 33,000 juifs indigènes [2] obtenaient en masse la jouissance complète des droits civils et politiques : ils se trouvaient subitement régis à tous les points de vue par la loi française [3].

Cette innovation a été vivement critiquée. Des publicistes ont prétendu qu'en accordant aux israélites une faveur qu'on refusait aux musulmans, on avait aggravé l'antagonisme entre deux races qui avaient l'une pour l'autre, depuis des siècles, une profonde aversion. Le décret du 24 octobre 1870 aurait été, suivant eux, l'une des causes de l'insurrection qui éclata sur divers points de notre colonie africaine pendant l'année 1871. Ils ont aussi affirmé avec beaucoup de raison que les israélites eux-mêmes avaient accueilli avec mécontentement une mesure qui les privait pour l'avenir de nombreuses immunités.

Ces attaques déterminèrent en France un courant d'opinion défavorable à la naturalisation collective. Le 21 juillet 1871, les ministres de

---

1. Voyez le décret du 24 octobre 1870 relatif à la naturalisation collective des israélites indigènes de l'Algérie.

2. Dans le recensement de 1876, les israélites naturalisés sont au nombre de 33,506.

3. Le Conseil d'État, par arrêt du 28 novembre 1879, a accordé décharge des impôts arabes achour et zekkat au sieur Kalfallah Assoun, israélite naturalisé par le décret du 24 octobre 1870. Voici l'un des considérants : « Attendu que le décret du 24 octobre 1870 a conféré aux israélites indigènes la qualité de citoyens français, que par suite ils sont régis par la loi française, soumis aux mêmes obligations que les Français originaires de l'Europe établis en Algérie, que notamment ils sont assujettis au service militaire, qu'il suit de là qu'ils doivent être exemptés des impôts arabes, — accorder la décharge demandée. » (*Revue générale d'administration*, numéro de janvier 1880, p. 57.)

M. Thiers présentèrent à l'Assemblée nationale un projet de loi qui supprimait purement et simplement le décret du 24 octobre 1870. La commission nommée pour étudier la proposition ne voulut pas admettre un système aussi radical; elle adopta certains tempéraments qui tendaient à ménager la transition. Elle reconnaissait aux israélites jusqu'au 1er mars 1872, la double faculté soit, par une simple déclaration de volonté, de rester soumis quant au statut personnel à la loi civile française, soit même de réclamer la conservation des droits attachés à la qualité de citoyen français en observant certaines formalités. Après l'expiration du délai fixé, elle décidait que l'admission des indigènes israélites aux droits de citoyen français serait réglée conformément aux lois et décrets antérieurs. Le projet ainsi corrigé fut soumis à la discussion de la Chambre et repoussé grâce à l'influence de M. Crémieux [1].

Pendant que le pouvoir législatif examinait cette importante question, le Gouvernement fut obligé de prendre certaines mesures que rendait nécessaires, jusqu'à nouvel ordre, l'assimilation absolue des juifs aux citoyens français : il se préoccupa notamment de l'inscription des individus naturalisés sur les listes électorales. Un décret du 7 octobre 1871 indique aux israélites indigènes la manière de faire constater leur indigénat et d'être admis à exercer leurs droits électoraux.

Aux termes de ce décret, tout israélite qui veut être inscrit ou maintenu sur les listes électorales doit, dans les vingt jours, justifier qu'il est indigène, c'est-à-dire né en Algérie avant l'occupation française ou né depuis cette occupation de parents établis en Algérie à l'époque où elle s'est produite. Cette justification se fait devant le juge de paix du domicile, soit par la production d'un acte de naissance, soit par l'attestation de sept témoins, demeurant en Algérie depuis 10 ans au moins, soit enfin par toute autre preuve. La décision qui émane du juge de paix vaut titre : il en est immédiatement délivré copie sans frais. Pour chaque décision ainsi délivrée, il est dressé, en la forme des casiers judiciaires, un bulletin qui est remis à la mairie du domicile de l'indigène pour servir soit à la confection des listes électorales, soit à celle d'un registre de notoriété. Le défaut d'accomplissement de

---

1. Consultez CogordaN, *la Nationalité*, p. 125 et suiv. Cet ouvrage contient le projet de loi amendé par la commission. Il est intéressant de lire, à titre de curiosité, les articles 2, 4, 5, 7. D'après l'article 5, le gouverneur général statuait en son conseil sur les demandes formées par les israélites; c'était un souvenir de l'article 3 du décret du 24 octobre 1870.

ces formalités et conditions prescrites entraîne la radiation du nom inscrit [1]. Toutes ces dispositions, qui à l'origine avaient un caractère provisoire, doivent être aujourd'hui encore considérées comme applicables, car elles sont liées d'une façon étroite au décret du 24 octobre 1870 qui a été maintenu par l'Assemblée nationale [2].

CHAPITRE II.

Étrangers colonisateurs [3].

Les étrangers qui immigrent dans les provinces de l'Algérie n'obéissent pas tous aux mêmes mobiles. Les uns viennent demander à une contrée, récemment ouverte, des ressources qu'ils ne peuvent se procurer ailleurs. Les autres espèrent trouver, sous un ciel toujours beau, le rétablissement de leur santé ou les agréments d'une vie facile. Beaucoup enfin, après avoir commis des méfaits dans leur pays, veulent échapper aux poursuites de la justice et s'assurer de l'impunité pour leurs nouveaux crimes. Ceux qui appartiennent aux deux premières catégories désirent parfois s'établir dans notre colonie africaine d'une façon définitive; ils recherchent alors la qualité de citoyen français. Le sénatus-consulte du 14 juillet 1865 [4], pour répondre à ces demandes, organise une naturalisation spéciale que nous allons étudier en suivant la méthode déjà appliquée.

1° *Conditions.* — L'étranger qui sollicite la concession des droits civils et politiques doit réunir deux conditions :

A. Être âgé de 21 ans accomplis. La justification de cet âge est faite

---

1. Voyez les articles 1, 2, 3, 5 du décret du 7 octobre 1871. L'article 4 autorise l'israélite dont la réclamation est rejetée par le juge de paix, à se pourvoir devant le tribunal d'arrondissement, qui statue en dernier ressort. Le pourvoi en cassation n'est pas suspensif.

2. Cogordan, *la Nationalité*, p. 125.

3. Nous comprenons sous cette dénomination les étrangers soit chrétiens, soit musulmans. Les immigrants les plus nombreux en Algérie sont par ordre : les Espagnols, les Italiens, les Anglais, les Allemands, les Suisses, les Turcs. Les Anglais séjournent de préférence dans la province d'Oran, les Italiens dans celle de Constantine, les Espagnols dans la province d'Oran, et, en second lieu, dans celle d'Alger, les Suisses dans la province d'Alger, les Turcs dans celle de Constantine. (*Le Dernier Dénombrement de l'Algérie, Revue générale d'administration*, numéro de février 1879, p. 157.)

4. Art. 3. — L'étranger qui justifie de trois années de résidence en Algérie peut être admis à jouir de tous les droits de citoyen français.

par un acte de naissance et, à défaut, par un acte de notoriété dressé sur l'attestation de quatre témoins par le juge de paix du lieu [1].

B. Résider depuis trois ans en Algérie. Ce fait est prouvé par des actes officiels et publics ou ayant date certaine et, à défaut, par un acte de notoriété dressé sur l'affirmation de quatre témoins par le juge de paix du lieu [2]. Dans la durée de cette résidence légale qui doit précéder immédiatement la demande en naturalisation [3], il faut compter le temps passé dans la colonie sous les drapeaux [4].

Les textes ne mentionnent aucune autre condition : la formalité de l'admission à domicile est donc abolie pour l'étranger résidant en Algérie. Comment expliquer cette suppression? Pourquoi les auteurs du sénatus-consulte du 14 juillet 1865 ont-ils accompli dans la législation algérienne une réforme qui depuis de longues années est vainement réclamée en France [5]? Diverses considérations ont été développées devant le Sénat. On a prétendu d'abord que l'établissement de tout nouveau venu sur un territoire faiblement peuplé devait attirer l'attention publique et dès lors un acte destiné à constater d'une façon officielle ce point de départ du stage était superflu. Le rapporteur [6] insistait sur cette idée dans les termes suivants : « Que, dans un pays où la popula-« tion est immense, où les étrangers abondent et se renouvellent sans « cesse, la naturalisation ait pour base nécessaire une autorisation de « fixer son domicile, on comprend l'utilité de la mesure: c'est le point « de départ du contrôle que doit exercer l'administration sur la con-« duite de l'étranger. Mais dans les villes d'Afrique, l'administration « connaît non pas le jour, mais l'heure même à laquelle l'étranger met « le pied sur le sol africain. Il existe un lien nécessaire entre l'étranger « qui arrive avec l'intention de coloniser et l'administration ; du pre-

---

1. Art. 1er du décret du 24 octobre 1870 sur la naturalisation des indigènes musulmans et des étrangers résidant en Algérie.

2. Art. 16 du décret du 24 octobre 1870.

3. Telle est la jurisprudence du Conseil d'État.

4. Art. 17 du décret du 24 octobre 1870.

5. M. de Tillancourt, lors de la discussion de la loi du 20 juin 1867, avait présenté un amendement qui faisait disparaître la nécessité de l'admission à domicile. Cette tentative échoua grâce à l'intervention de M. Baroche, ministre de la justice. Une nouvelle proposition, ayant le même objet, a été déposée, le 20 février 1877, sur le bureau de la Chambre par un groupe de députés. Le rapporteur de la commission chargée d'étudier ce projet de loi a, dans la séance du 17 mars 1877, conclu à la prise en considération. Depuis cette époque, la question semble avoir été oubliée.

6. Rapport de M. Delangle déjà cité.

« mier jour, le colon est soumis à la tutelle dont il a besoin. Or, quand,
« après trois ans écoulés depuis son arrivée, l'étranger sollicitera la na-
« turalisation, les renseignements ne pourront manquer sur la date pré-
« cise de son séjour, ni sur les vicissitudes auxquelles il aura été exposé,
« ni sur ses succès, ni sur ses revers, ni sur sa nationalité. » Cet argument était peu convaincant ; « sérieux peut-être, lorsqu'il s'agissait des
« petites localités algériennes, il était sans fondement quant aux villes
« importantes, telles que celles d'Alger, peuplée de plus de 60,000
« habitants, d'Oran et de Constantine qui comptent chacune 40,000
« habitants[1]. »

Un autre motif plus juste a été invoqué en faveur de l'innovation.
La France doit récompenser les hommes qui apportent la civilisation
dans ses provinces de l'Algérie. « Aujourd'hui, disait M. Delangle, l'é-
« migration étrangère forme à peu près la moitié de la colonie afri-
« caine ; elle est devenue l'un des plus fermes soutiens de l'œuvre entre-
« prise sur la terre conquise avec le sang et l'argent de la France.
« Combien d'étrangers y ont apporté des capitaux, de l'industrie, des
« méthodes perfectionnées de culture ; combien, en associant leurs
« efforts à ceux de nos nationaux, ont contribué à changer la face de
« cette terre, qui réclamait, pour redevenir fertile, un travail aussi in-
« telligent qu'obstiné ! Or, n'est-ce pas là un service rendu à la France,
« un service réel et qui réclame au premier chef l'attention du Gou-
« vernement[2] ? » Ainsi peut être défendue cette importante différence
que le sénatus-consulte de 1865 a établie entre la métropole et la colonie au point de vue des conditions de la naturalisation[3].

2° *Procédure.* — Les formes que nous rencontrons ici ont été déjà
étudiées. L'étranger résidant en Algérie, qui veut obtenir la qualité de
citoyen français, doit former sa demande devant le maire de la commune
de son domicile ou la personne qui en remplit les fonctions dans le lieu
de sa résidence. Il joint à cette déclaration, qui est constatée par un procès-
verbal, les pièces et les documents destinés à éclairer l'administration[4].

---

1. *De l'Admission à domicile,* par M. Pignon. (*Revue générale de droit, de la législation et de la jurisprudence,* mai-juin 1880.)

2. Rapport de M. Delangle, déjà cité.

3. La loi du 29 juin 1867, en réduisant le stage à 3 ans, a fait disparaître une
autre différence qui, sous l'empire de la loi du 3 décembre 1849, existait entre la
législation applicable aux étrangers établis en France et celle applicable aux
étrangers établis en Algérie.

4. Art. 15, 16 du décret du 21 avril 1866.

La demande est instruite conformément aux dispositions du décret du 21 avril 1866 [1]. La naturalisation est conférée par un décret présidentiel qui est rendu après avis du Conseil d'État [2].

Le droit de sceau et d'enregistrement que doit payer l'étranger admis à jouir des droits de citoyen français est fixé à 1 fr. [3].

Ajoutons qu'un bulletin de chaque naturalisation doit être dressé en forme de casier judiciaire et déposé à la préfecture du département où réside l'étranger naturalisé [4].

3° *Effets*. — La naturalisation donne à l'étranger non-seulement la jouissance des droits civils et politiques, mais aussi certains avantages spéciaux. Ainsi elle lui permet de prétendre à une attribution de terres domaniales [5] et elle lui ouvre l'accès des services administratifs [6]. Au reste, quoique soumise dans la colonie à des prescriptions moins étroites, elle produit des effets qui s'étendent à la métropole elle-même; l'étranger naturalisé peut, à coup sûr, se prévaloir en France de son titre de citoyen. On aurait pu sans doute restreindre les conséquences de la naturalisation conférée en Algérie; mais ce système présentait des dangers, car il fournissait des arguments aux séparatistes. « Si la naturalisation est incomplète, disait un orateur [7], si elle « n'accorde qu'une demi-nationalité, vous relâchez le lien de l'union; « créer une nationalité algérienne, ce serait introduire un principe de « sécession, ce serait poser en quelque sorte la première assise d'un « État indépendant. La justice et la politique conseillent donc de con- « férer à la naturalisation un caractère légal et de lui laisser produire

---

1. Art. 12, 14 du décret du 21 avril 1866.

2. L'article 3 du décret du 24 octobre 1870 n'est plus appliqué dans la pratique; il a été, nous l'avons dit, tacitement abrogé. Joignez l'article 4 du sénatus-consulte du 14 juillet 1865.

3. Art. 20 du décret du 21 avril 1866. — En France, l'étranger qui obtient la naturalisation doit verser au Trésor une somme de 175 fr. 25 c. Cette différence nouvelle mérite d'être signalée.

4. Art. 4 du décret du 24 octobre 1870 sur la naturalisation des indigènes musulmans et des étrangers résidant en Algérie.

5. Instruction du gouverneur général de l'Algérie en date du 20 août 1872. Voyez aussi *État actuel de l'Algérie*, publié par ordre de M. Albert Grévy, p. 9.

6. Arrêté du gouverneur général du 12 janvier 1875 sur l'organisation des bureaux de la direction générale des services civils, chap. III, art. 7 : « Tout aspirant à un emploi de début dans les bureaux de la direction générale des affaires civiles et financières doit justifier qu'il est Français ou naturalisé Français. » Voyez aussi un arrêté du gouverneur général, en date du 16 avril 1862, contenant règlement sur l'admission et l'avancement dans les bureaux des préfectures.

7. Flandin, conseiller d'État, rapporteur. Exposé des motifs déjà cité.

« ses effets légaux, aussi bien en France qu'en Algérie, sur toute terre
« française : la nationalité doit être une comme la patrie[1]. »

Malgré les facilités que présente la législation applicable à notre colonie africaine, lors du dernier recensement[2], 4,020 étrangers seulement
étaient naturalisés Français, tandis que 158,387 conservaient leur nationalité. Pourquoi cette différence entre ces deux chiffres que donne la
statistique[3] ? Voici la réponse qu'on peut faire à cette question. Les
étrangers, en Algérie comme en France, jouissant par le seul fait de
leur résidence de presque tous les droits civils[4], hésitent à solliciter
une concession qui est soumise à des règles encore trop étroites. Aussi
sommes-nous partisans de certaines réformes qui, en modifiant dans
un sens libéral le sénatus-consulte du 14 juillet 1865, rendraient plus
nombreuses les demandes en naturalisation. Ne conviendrait-il pas,
notamment, de réduire le stage actuellement exigé ? Une année de résidence nous paraîtrait suffisante[5]. Ce changement ne supprimerait pas
toute garantie, puisque l'administration a toujours la faculté de véri-
fier « si, au-dessus des conditions officielles, il n'existe pas des raisons
« de moralité, d'ordre, d'intérêt public qui s'opposent à ce que le ré-
« clamant soit adopté par la nation française ; s'il n'y a pas quelque
« motif de craindre que ce titre de citoyen qu'il ambitionne ne soit
« par lui compromis et souillé : c'est une prérogative dont l'exercice
« est prédominant et sacré[6]. »

---

1. Ces idées n'ont pas été admises par la législation anglaise qui refuse à la
naturalisation spéciale acquise dans une colonie tout effet dans la métropole.
Sir A. Cockburn, *Nationality*, p. 37-38.

2. Consultez sur le dernier dénombrement de l'Algérie le travail de M. Toussaint
Loua déjà cité.

3. Le nombre des Européens naturalisés, qui s'élevait en 1873 à 2,986, se dé-
composait de la façon suivante : 1,068 Italiens, 838 Allemands, 642 Espagnols,
438 divers. Voyez l'*État actuel de l'Algérie*, publié par ordre de M. Albert Grévy,
1879, p. 11.

4. Consultez sur ce point : *Cours de droit civil français*, par MM. Aubry et Rau,
4e édit., t. I, p. 288.

5. La circulaire du gouverneur général en date du 2 novembre 1864 admet
cette idée avec quelques restrictions.

6. Delangle, rapport déjà cité.

Nancy, imp. Berger-Levrault et C.ie.

LIBRAIRIE ADMINISTRATIVE BERGER-LEVRAULT ET Cie

PARIS, 5, RUE DES BEAUX-ARTS. — MÊME MAISON A NANCY

DICTIONNAIRE

DE

L'ADMINISTRATION

FRANÇAISE

PAR

M. MAURICE BLOCK

MEMBRE DE L'INSTITUT

AVEC LA COLLABORATION DE MEMBRES DU CONSEIL D'ÉTAT, DE LA COUR DES COMPTES
DE DIRECTEURS ET CHEFS DE SERVICE DE DIVERS MINISTÈRES, ETC.

NOUVELLE ÉDITION

ENTIÈREMENT REFONDUE, AUGMENTÉE ET MISE A JOUR (1877)

Un volume in-8° de xv-1856 pages, renfermant la valeur de 28 volumes ordinaires
Prix, broché, **30** fr. ; relié en demi-chagrin, plats toile, **34** fr. **50** c.

SUPPLÉMENT ANNUEL

I. Novembre 1878. In-8°, même format que le Dictionnaire. Prix : **2** fr. **50** c.
II. Novembre 1879.   —   —   —   Prix : **2** fr. **50** c.
III. Novembre 1880.   —   —   —   Prix : **2** fr. **50** c.